GW01417933

Ffeithiau Ffwtbol

100 o ffeithiau pêl-droed gan Gary Pritchard

Lluniau ▪ Philip Prendergast

Golygydd ▪ Catrin Hughes

Mae'r llyfr hwn yn gyflwynedig
i Mari, Ifan a Gwenno –
am adael i mi ddiflannu i wylio
pêl-droed byth a beunydd!

Argraffiad cyntaf 2003
© y testun Gary Pritchard 2003
© y lluniau Philip Prendergast

Cyhoeddwyd gan Wasg y Dref Wen,
28 Ffordd yr Eglwys, Yr Eglwys Newydd,
Caerdydd CF14 2EA
Ffôn 029 20617860.

Argraffwyd ym Mhrydain.

Cedwir pob hawlfraint. Ni chaiff unrhyw ran
o'r llyfr hwn ei hatgynhyrchu na'i storio mewn
system adferadwy, na'i hanfon allan mewn
unrhyw ffordd na thrwy unrhyw gyfrwng,
electronig, peirianyddol, llungopïo, recordio
nac unrhyw ffordd arall, heb ganiatâd ymlaen
llaw gan y cyhoeddwyr.

Dechrau da dros Gymru

Ym 1951 sgoriodd Billy Foulkes gôl i Gymru yn erbyn Lloegr gyda'i gyffyrddiad cyntaf erioed dros ei wlad.

Cymru yn erbyn Gogledd Iwerddon, 1954 – dechrau nodedig arall – sgoriodd Peter McParland ar ôl 40 eiliad yn unig yn ei ymddangosiad cyntaf dros Gymru.

Y gôl gyflymaf erioed i Gymru ei sgorio mewn gêm ryngwladol oedd gôl yn erbyn Aźerbaijan. Hawliodd Craig Bellamy'r gôl 13 eiliad wedi'r chwiban cyntaf yn Stadiwm y Mileniwm ar y 29ain o Fawrth 2003.

Gemau rhyngwladol cyntaf Cymru

Chwaraeodd Cymru ei gêm ryngwladol gyntaf erioed yn erbyn yr Alban yn Glasgow ym mis Mawrth 1876. Colli 4–0 fu ei hanes.

Ym 1877 chwaraeodd Cymru ei gêm ryngwladol gyntaf yng Nghymru. Yr Alban oedd yn fuddugol, 2–0, ar y Cae Ras, Wrecsam.

Y wlad gyntaf i Gymru ei herio o'r tu allan i wledydd Prydain oedd Ffrainc – cafwyd gêm gyfartal 1–1 ym Mharis ym mis Mai 1933.

Y wlad gyntaf o'r tu allan i wledydd Prydain i ymweld â Chymru oedd Gwlad Belg. Llwyddodd Cymru i drechu'r Belgiaid o 5–1 ar Barc Ninian ym 1949.

Chwaraewyd gêm Cymru yn erbyn Gogledd Iwerddon ym Mharc Goodison, Lerpwl, ym 1969, a hynny oherwydd ofnau diogelwch ym Melffast.

Cymru yn erbyn Brasil ym 2000 yn Stadiwm y Mileniwm oedd y gêm bêl-droed ryngwladol gyntaf i'w chwarae dan do ym Mhrydain.

Chwaraewyr nodedig Cymru

Billy Meredith yw'r chwaraewr hynaf i chwarae gêm ryngwladol i Gymru; roedd yn 45 mlwydd oed a 229 diwrnod pan chwaraeodd ym muddugoliaeth Cymru o 2–1 yn erbyn Lloegr ym 1920.

Ryan Green yw'r chwaraewr ieuengaf i ennill cap dros Gymru; roedd yn 17 mlwydd oed a 226 diwrnod pan chwaraeodd yn erbyn Malta ym 1998.

Neville Southall enillodd y nifer fwyaf o gapiau dros Gymru. Chwaraeodd y gôl-geidwad 92 gêm dros ei wlad rhwng 1982 a 1998.

Y chwaraewr croenddu cyntaf i gynrychioli un o wledydd Prydain oedd Eddie Parris o glwb Bradford Park Avenue. Chwaraeodd i Gymru yn erbyn Gogledd Iwerddon ym 1931.

Ym 1987 chwaraeodd Mark Hughes i Gymru yn erbyn Tsiecoslofacia ym Mhrâg cyn hedfan i'r Almaen i chwarae dros ei glwb Bayern Munich yn hwyrach yr un dydd.

Chwaraeodd Stan Mortensen, un o chwaraewyr enwocaf Lloegr, i Gymru yn ystod yr Ail Ryfel Byd. Roedd Mortensen ar y fainc i Loegr yn erbyn Cymru ym 1943 pan anafwyd un o dîm Cymru, a chan nad oedd gan Gymru eilydd, daeth Mortensen i'r maes mewn crys coch.

Cadw'r cyfan yn y teulu

Lee Jones, eilydd i Gymru yn erbyn yr Alban ym 1997, oedd yr hanner canfed Jones i ennill cap i Gymru. Un Jones oedd ar y maes pan chwaraeodd Cymru ei gêm ryngwladol gyntaf – John Jones o glwb Y Derwyddon – a enillodd ei unig gap yn y gêm hon.

Ym 1955 cafwyd achlysur teuluol wrth i Mel Charles a Len Allchurch ymuno â'u brodyr John ac Ivor yn nhîm Cymru. Chwaraeodd y brodyr yn yr un tîm ar bedwar achlysur – yn erbyn Gogledd Iwerddon ac Awstria ym 1955, Israel ym 1958 a Brasil ym 1962.

Rhwng 1962 a 1966 chwaraeodd David Hollins 11 gwaith yn y gôl i Gymru. Enillodd ei frawd John un cap i Loegr ym 1967. Digwyddodd hyn oherwydd i David gael ei eni yng Nghymru pan oedd ei dad yn chwarae i Fangor.

Y Cymro Cyntaf

Y Cymro cyntaf i ymddangos yn rownd derfynol Cwpan Ewrop oedd Terry Yorath. Roedd yn aelod o glwb Leeds United a gollodd yn erbyn Bayern Munich ym 1975.

Y Cymro cyntaf i gael ei hel o'r maes mewn gêm ryngwladol oedd Trevor Hockey. Cafodd Hockey, o glwb Aston Villa, ei hel o'r maes wrth i Gymru herio Gwlad Pwyl ym 1973.

Y Cymro cyntaf i ennill Cwpan Ewrop oedd Joey Jones. Roedd yn aelod o dîm buddugol Lerpwl a drechodd Borussia Monchengladbach ym 1977.

Y Cymro cyntaf i ymddangos yng Nghwpan y Byd oedd Mervyn Griffiths. Dyfarnodd Mr Griffiths ddwy gêm yng Nghwpan y Byd 1950 ym Mrasil.

Y Cymro cyntaf i sgorio yng Nghwpan y Byd oedd John Charles. Daeth Charles â'r sgôr yn gyfartal yng ngêm agoriadol Cymru yn erbyn Hwngari ym 1958.

Y Cymro cyntaf i gael ei drosglwyddo am dros £1 miliwn oedd Mark Hughes. Symudodd Hughes o Manchester United i Barcelona am £2.6 miliwn ym 1986.

Clybiau Cymru

Ym 1997/98 llwyddodd Clwb Pêl-droed Y Barri i ennill pencampwriaeth Cynghrair Cymru heb golli gêm yn ystod y tymor.

Heddiw, 22,000 yw'r uchafswm o gefnogwyr fyddai'n cael mynychu Parc Ninian, Caerdydd, ond ym 1953 roedd 57,800 o gefnogwyr yn bresennol i weld Caerdydd yn herio Arsenal yn yr Adran Gyntaf. Ym 1961 roedd 61,566 yn bresennol yno i wylio gêm gyfartal 1–1 rhwng Cymru a Lloegr.

Ym 1962 llwyddodd tri o chwaraewyr Wrecsam i sgorio 'hat-tric' yn yr un gêm. Sgoriodd Roy Ambler, Ron Barnes a Wyn Davies dair gôl yr un wrth i Wrecsam drechu Hartlepool 10–1.

Sammy Aiorinde yw'r unig chwaraewr i gynrychioli ei wlad tra'n chwarae yng Nghynghrair Cenedlaethol Cymru. Chwaraeodd Aiorinde i Nigeria tra oedd yn aelod o glwb Bangor ym 1998.

Ym 1951, roedd clwb pêl-droed Celtic o'r Alban mewn penbleth oherwydd anafiadau. Trodd yr Albanwyr at glwb pêl-droed Llanelli er mwyn arwyddo eu hamddiffynnwr 29 mlwydd oed, Jock Stein.

Y Derwyddon, clwb o Riwabon, oedd y clwb cyntaf o Gymru i chwarae yng Nghwpan FA Lloegr. Cyrhaeddodd Y Derwyddon rownd yr wyth olaf ym 1882/83 cyn colli i Blackburn Olympic, a aeth ymlaen i ennill y gystadleuaeth.

Clybiau Cymru yn Ewrop

Ym 1961/62, Abertawe oedd cynrychiolwyr cyntaf Cymru yng Nghwpan Enillwyr Cwpanau Ewrop. Bu'n rhaid iddynt chwarae cymal 'cartref' eu gêm yn erbyn Motor Jena yn Vienna ac nid ar y Vetch gan fod y Swyddfa Gartref wedi gwrthod caniatáu i'r tîm o Ddwyrain yr Almaen deithio i Gymru.

Clwb Pêl-droed Merched Bangor oedd y clwb cyntaf o Gymru i gystadlu yng Nghwpan UEFA i ferched. Cafodd Bangor wahoddiad i gystadlu yn 2002/03 wedi iddynt gipio Cwpan Cymru ym 2002.

Cwmbrân yw'r unig glwb o Gymru i gystadlu ym mhedair prif gystadleuaeth UEFA: Cwpan y Pencampwyr, Cwpan UEFA, Cwpan Enillwyr Cwpanau Ewrop a Chwpan yr Intertoto.

Cwpan y Byd

Y Brenin Carol II o Romania ddewisodd y tîm fyddai'n hwylio draw i Uruguay i gynrychioli'r wlad yng nghystadleuaeth gyntaf Cwpan y Byd ym 1930. Bu'n rhaid i'r tîm deithio ar long am bythefnos er mwyn cyrraedd De America.

Cynhaliwyd cystadleuaeth Cwpan y Byd gyntaf yn Uruguay ym 1930. Dewiswyd Uruguay gan mai hwy oedd deiliaid medal aur twrnament pêl-droed Gemau Olympaidd 1924 (Paris) a 1928 (Amsterdam).

Yn rownd derfynol Cwpan y Byd 1930 cafwyd dadl ymysg y timau ynghylch pa bêl i'w defnyddio; felly, yn ystod yr hanner cyntaf, defnyddiwyd pêl yr Ariannin a chwaraewyd yr ail hanner â phêl Uruguay. Uruguay oedd yn fuddugol 4–2.

Yn ystod yr Ail Ryfel Byd, cafodd Tlws Jules Rimet ei gadw mewn bocs 'sgidiau o dan wely swyddog o Gymdeithas Bêl-droed yr Eidal er mwyn ei guddio rhag y Natsïaid. Roedd ym meddiant yr Eidal wedi iddynt drechu Hwngari 4–2 ym Mharis ym 1938.

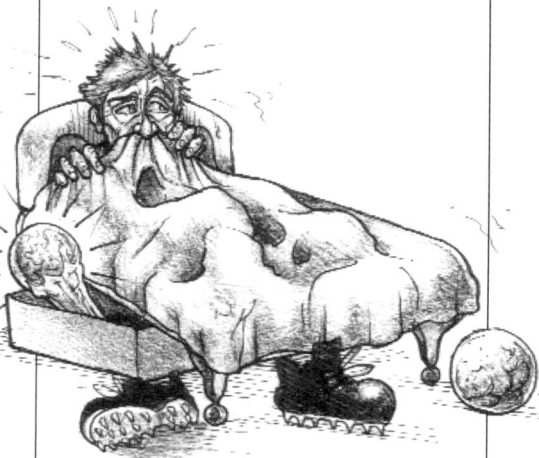

Gwrthododd yr Alban deithio i Gwpan y Byd 1950 ym Mrasil er iddynt gael gwahoddiad. Roedd FIFA wedi datgan y byddai'r ddwy wlad ar frig Pencampwriaeth y Pedair Gwlad yn cael cystadlu ym Mrasil, ond mynnodd Cymdeithas Bêl-droed yr Alban na fyddent yn teithio oni bai eu bod yn gorffen ar frig y grŵp. Gan mai Lloegr oedd yn fuddugol a'r Alban yn ail, dim ond Lloegr aeth i gystadlu yng Nghwpan y Byd.

Yn ystod Cwpan y Byd 1930, dim ond 300 o bobl oedd yn y dorf i wylio'r gêm rhwng Romania a Pheru. Dyma'r dorf leiaf yn hanes Cwpan y Byd.

Gwaharddwyd India o Gwpan y Byd 1950 wedi i FIFA wrthod gadael iddynt chwarae eu gemau rhagbrofol yn droednoeth.

Cafwyd mascot ar gyfer Cwpan y Byd am y tro cyntaf ym 1966. Llew o'r enw 'World Cup Willie' oedd mascot y bencampwriaeth a gynhaliwyd yn Lloegr.

Yng Nghwpan y Byd 1966 llwyddodd deintydd o Pyongyang i greu sioc anhygoel. Sgoriodd Pak Doo Ik unig gôl y gêm wrth i Ogledd Corea drechu'r Eidal; golygai'r canlyniad fod yr Azzuri allan o'r gystadleuaeth tra bod y tîm o Asia yn camu 'mlaen i rownd yr wyth olaf.

Yng Nghwpan y Byd 1970 cafwyd tipyn o chwyldro wrth i'r timau gael defnyddio eilyddion, a'r dyfarnwyr gael defnyddio cardiau melyn a choch am y tro cyntaf.

Viv Richards yw'r unig berson i chwarae yng Nghwpan Pêl-droed y Byd a Chwpan Criced y Byd. Er mai fel batiwr i dîm criced India'r Gorllewin mae Richards yn enwog, bu'n chwarae pêl-droed i Antigua yn rowndiau rhagbrofol Cwpan y Byd 1974.

Rhoddwyd y cerdyn coch cyflymaf yn hanes Cwpan y Byd i Jose Batista o Uruguay yn ystod eu gêm yn erbyn yr Alban ym 1986. Cafodd Jose ei hel o'r maes ar ôl 56 eiliad o chwarae!

Yng Nghwpan y Byd 1998, creodd Robert Prosinecki fymryn o hanes wrth iddo sgorio gôl i Croatia yn erbyn Jamaica. Roedd Prosinecki hefyd wedi sgorio i Iwgoslafia yn erbyn yr UAE yng nghystadleuaeth 1990. Dyma'r dyn cyntaf i sgorio gôl dros ddwy wlad wahanol yng Nghwpan y Byd.

Ym 1974, Franz Beckenbauer oedd y capten cyntaf i ennill Cwpan y Byd yn stadiwm ei glwb wrth i'r Almaenwr gasglu'r cwpan yn Stadiwm Olympaidd Munich, cartref Bayern Munich.

Chwaraewr rhan-amser oedd Dick Naninga, a sgoriodd gôl i'r Iseldiroedd yn rownd derfynol Cwpan y Byd 1978. Ei waith arferol oedd gwerthu blodau!

Bu'n rhaid gohirio cic gyntaf rownd derfynol Cwpan y Byd 1978 am rai munudau am i'r tirmon anghofio gosod y pyst cornel ar y maes.

Y Ceidwaid

William 'Fatty' Foulke yw'r chwaraewr trymaf i gynrychioli Lloegr. Ar un adeg, roedd golwr Sheffield United yn pwyso 25 stôn. Enillodd Foulke ei unig gap i Loegr mewn buddugoliaeth 4–0 yn erbyn Cymru ym 1897.

Tony Roberts, cyn gôl-geidwad Cymru, oedd y golwr cyntaf yn hanes Cwpan FA Lloegr i sgorio gôl wrth iddo unioni'r sgôr i Dagenham & Redbridge yn erbyn Basingstoke yn y bedwaredd rownd ragbrofol ym 2001.

Nid yw gôl-geidwad Arsenal yn cael gwisgo crys newydd mewn rownd derfynol o Gwpan FA Lloegr. Mae'r ofergoeliaeth yn deillio o rownd derfynol 1927 pan feiodd golwr Arsenal, Dan Lewis, ei grys newydd am y ffaith fod y bêl wedi llithro oddi tano ac i mewn i'r gôl wrth i Gaerdydd eu trechu!

Lev Yashin o glwb Moscow Dynamo yw'r unig golwr erioed i ennill tlws Chwaraewr Ewropeaidd y Flwyddyn – fe'i henillodd ym 1963.

Ym mis Awst 1920 cymerodd gôl-geidwad Brentford, Jack Durston, bum wiced i Middlesex yn erbyn Surrey yn y bore ym mhencampwriaeth criced y siroedd cyn chwarae gêm agoriadol y tymor i Brentford yn y prynhawn heb ildio gôl!

Ar 28 Awst 1993, sgoriodd Ian Rush gôl rhif 200 yn y gynghrair i Lerpwl yn erbyn Leeds United. Gôl-geidwad Leeds y diwrnod hwnnw oedd John Lukic. Sgoriodd Rush ei gôl gyntaf i Lerpwl 12 mlynedd ynghynt yn erbyn Arsenal, a phwy oedd gôl-geidwad Arsenal y diwrnod hwnnw? Neb llai na John Lukic!

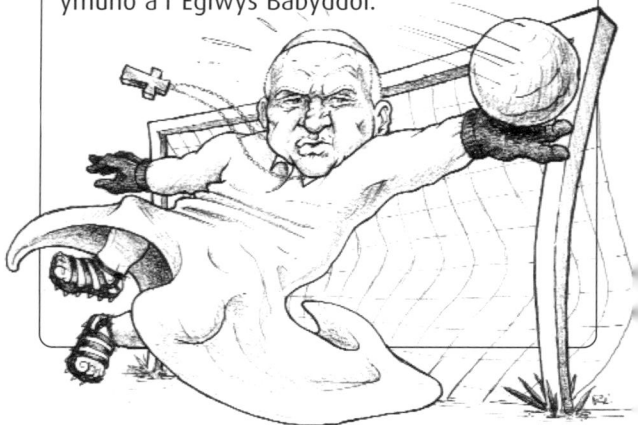

Roedd y Pab John Paul II yn chwarae fel gôl-geidwad i'w brifysgol cyn ymuno â'r Eglwys Babyddol.

Chwaraeodd y gôl-geidwad Dai Davies 15 o weithiau yng Nghwpan Enillwyr Cwpanau Ewrop yn ystod ei yrfa. Chwaraeodd bedair gwaith i Wrecsam ym 1978 a 1979, saith gwaith i Abertawe ym 1981 a 1982 a phedair gwaith i Fangor ym 1985.

Daw'r esgus gorau am berfformiad sâl gan gyn-golwr Ajax, Bertis Hoogerman. Wedi i Ajax golli 9–4 yn erbyn eu gelynion pennaf, Rotterdam, ym 1964, honnodd Hoogerman ei fod wedi gwisgo lensys-cyffwrdd ei wraig mewn camgymeriad!

Cafodd Joaquin Valerio, gôl-geidwad Real Betis, ei ddanfon o'r maes 40 munud cyn y chwiban gyntaf mewn gêm yn erbyn Albecete yn ail adran Sbaen. Roedd y dyfarnwr, Fidel Valle Gil, wedi clywed Valerio yn ei sarhau yn y twnnel a rhuthrodd ato gan ddangos y cerdyn coch.

Mewn gêm ryngwladol rhwng Lloegr a Malta ym 1971, methodd Malta â gorfodi Gordon Banks, gôl-geidwad Lloegr, i wneud unrhyw arbediad. Yn wir, pedair gwaith yn unig y cyffyrddodd Banks â'r bêl, a hynny o bàs yn ôl gan ei chwaraewyr ei hun!

Y Wisg

Lerpwl oedd y clwb cyntaf yng Nghynghrair Lloegr i ddangos enw noddwyr ar eu crysau. Roedd enw'r cwmni electroneg, Hitachi, i'w weld ar grysau'r cochion ym 1979.

Pinc oedd lliw crysau gwreiddiol clwb Juventus o'r Eidal, ond newidiwyd eu lliwiau wedi i un o chwaraewyr y clwb ddychwelyd o Loegr â chrysau streips du a gwyn o glwb Notts County, ac mae Juventus yn dal i'w gwisgo hyd heddiw.

Mae'r Almaen yn gwisgo crysau gwyrdd fel eu hail ddewis fel arwydd o barch at Iwerddon, y wlad gyntaf i gytuno i chwarae yn erbyn Gorllewin yr Almaen wedi'r Ail Ryfel Byd.

Mae'r Eidal yn gwisgo crysau glas er mai coch, gwyn a gwyrdd yw lliwiau baner y wlad. Mae'r traddodiad yn deillio o gyfnod cyn-weriniaethol y wlad – glas oedd lliw teulu brenhinol yr Eidal, y teulu Savoy.

Defnyddiwyd rhifau ar grysau'r chwaraewyr am y tro cyntaf yn rownd derfynol Cwpan FA Lloegr ym 1933. Roedd chwaraewyr Everton yn gwisgo rhif 1 i 11, gyda'r golwr yn gwisgo 1, a chwaraewyr Manchester City yn gwisgo 12 i 22, gyda'r golwr yn gwisgo 22.

Ym 1996 beiodd Alex Ferguson, rheolwr Manchester United, liwiau crysau ei dîm am eu perfformiad sâl. Gydag United yn colli 3–0 ar yr hanner yn erbyn Southampton, mynnodd Ferguson bod y tîm yn dod allan ar gyfer yr ail hanner mewn crysau glas a gwyn. Southampton 3 Manchester United 1 oedd y sgôr terfynol.

Cwpan Cymru

Yng nghystadleuaeth gyntaf Cwpan Cymru ym 1877 roedd Abertawe i fod i deithio i Aberystwyth yn y rownd gyntaf, ond penderfynodd Abertawe dynnu allan o'r cwpan wedi i swyddogion y clwb sylweddoli mai cystadleuaeth bêl-droed oedd y cwpan ac nid rygbi!

Mae 10 clwb o Loegr wedi cipio Cwpan Cymru: Amwythig, Caer, Croesoswallt United, Wellington Town, Crewe Alexandra, Croesoswallt White Star, Bristol City, Tranmere Rovers, De Lerpwl a Henffordd.

Ym 1903, 1905 a 1911, llwyddodd Wrecsam i ennill y cwpan heb ildio gôl mewn unrhyw rownd o'r gystadleuaeth.

Enwau

Sefydlwyd clwb pêl-droed Sunderland gan grŵp o athrawon lleol. Enw gwreiddiol y clwb oedd Sunderland & District Teachers.

Ym 1892 unodd clwb pêl-droed Newcastle West End â chlwb Newcastle East End i greu clwb Newcastle United, y clwb cyntaf i ddefnyddio'r enw United.

Ym 1878 ffurfiwyd clwb pêl-droed Newton Heath i weithwyr cwmni rheilffordd Sir Gaerhirfryn a Swydd Efrog. Bellach y clwb yma yw un o glybiau enwocaf y byd wedi iddynt newid eu henw i Manchester United ym 1902.

Cadw Trefn

Cafodd dyfarnwyr ddefnyddio chwiban am y tro cyntaf ym 1878. Cyn hyn roedd dyfarnwyr yn gollwng hances i'r llawr er mwyn tynnu sylw'r chwaraewyr.

Ym 1972 gadawodd y sylwebydd Jimmy Hill ei bwynt sylwebu yn ystod gêm Adran Gyntaf rhwng Arsenal a Lerpwl er mwyn cymryd lle un o'r llumanwyr oedd wedi anafu ei goes.

Trosglwyddiadau

Trevor Francis oedd y chwaraewr cyntaf ym Mhrydain i gael ei drosglwyddo am £1 miliwn wrth symud o Birmingham i Nottingham Forest yn ôl ym 1979 – ond y chwaraewr cyntaf yn y byd i symud am dros £1 miliwn oedd Guiseppe Savoldi a symudodd o Bologna i Napoli ym 1975.

Ym 1926 arwyddodd Manchester United yr asgellwr Hughie McLenahan o glwb Stockport County am dri llond rhewgell o hufen iâ.

Gemau Rhyngwladol

Crëwyd mymryn o hanes gan dîm rhyngwladol Gwlad yr Iâ wrth iddynt drechu Estonia 3–0 yn Estonia ym 1996. Dechreuodd Arnor Gudjohnsen (35 oed) y gêm ond cafodd ei eilyddio wedi 62 munud gan ei fab 17 mlwydd oed, Eidur.

Sgoriwr y gôl ryngwladol gyflymaf erioed yw Davide Gualtieri. Sgoriodd i San Marino yn erbyn Lloegr wedi 8.3 eiliad ym 1993.

Ym Mhencampwriaethau Ewrop 1968, llwyddodd yr Eidal i alw'n gywir a chamu 'mlaen i'r rownd derfynol ar dafliad ceiniog. Roedd hyn yn dilyn gêm gyfartal, ddi-sgôr yn y rownd gyn-derfynol yn erbyn yr Undeb Sofietaidd.

Gôl, gôls a ... a dim gôls!

Ym 1888 llwyddodd Cymru i sicrhau eu buddugoliaeth fwyaf erioed wrth faeddu Iwerddon 11–0 yn Wrecsam.

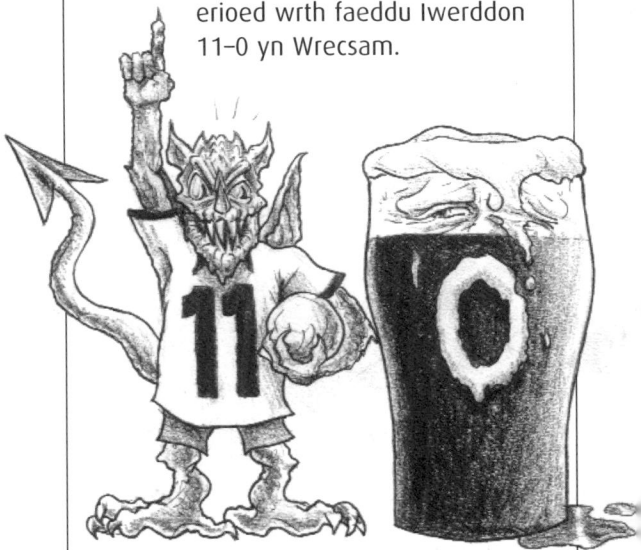

Deng mlynedd yn gynharach, roedd Cymru wedi cael eu trechu 9–0 gan yr Alban yn Glasgow. Dyma'r grasfa waethaf yn hanes pêl-droed rhyngwladol Cymru.

Y Cymro cyntaf i sgorio 'hat-tric' i Gymru oedd John Price, a sgoriodd bedair gôl wrth i Gymru faeddu Iwerddon 7–1 ym 1882.

Ym 1931, mewn gêm rhwng Newcastle United a Portsmouth, methodd y naill dîm na'r llall â sicrhau cic gornel trwy gydol y gêm! Fel y byddai rhywun yn ei ddisgwyl, gorffennodd y gêm yn ddi-sgôr!

Ym 1937/38 disgynnodd Manchester City i'r ail adran er mai nhw oedd y pencampwyr ym 1936/37, ac er eu bod wedi sgorio mwy o goliau nag unrhyw dîm arall yn yr adran, gan gynnwys y pencampwyr newydd, Arsenal.

Mae gan Pat Kruse o glwb Torquay record anffodus iawn. Mewn gêm yn erbyn Caergrawnt ym 1977 llwyddodd i sgorio trwy ei rwyd ei hun wedi 8 eiliad yn unig!

Wrth i Abertawe drechu Sliema Wanderers o Malta 12–0 yng Nghwpan Enillwyr Cwpanau Ewrop, llwyddodd wyth chwaraewr gwahanol i sgorio gôl.

Cynghreiriau

Coventry City yw'r unig glwb i chwarae ym mhob adran o gynghrair Lloegr gan gynnwys Trydedd Adran y Gogledd a Thrydedd Adran y De.

Mae clwb Hartlepool wedi gorfod ceisio am ail-etholiad i'r gynghrair 14 o weithiau – mwy nag unrhyw glwb arall.

Ar Ynysoedd Sili mae cynghrair bêl-droed leiaf y byd. Dim ond dau glwb sydd yn y gynghrair – Woolpack Wanderers a'r Garrison Gunners.

Ers diwedd yr Ail Ryfel Byd mae New Brighton (1951), Bradford Park Avenue (1970), Barrow (1972), Workington (1977) a Southport (1978) wedi methu sicrhau digon o bleidleisiau i aros yn y gynghrair.

Y Cyntaf

Y Wanderers oedd y tîm cyntaf i gipio Cwpan FA Lloegr ym 1871/72, ac am yr unig dro yn hanes y gystadleuaeth cafodd y deiliaid sicrwydd o le yn y rownd derfynol ar gyfer y flwyddyn ganlynol.

Clwb Pêl-droed Renton o'r Alban oedd y 'Pencampwyr Byd' cyntaf erioed. Ym 1888, wedi cipio Cwpan FA yr Alban, heriodd yr Albanwyr glwb West Bromwich Albion, deiliaid Cwpan FA Lloegr ac, wedi trechu'r Saeson o bedair gôl i un, hawliodd Renton y teitl 'Pencampwyr y Byd'.

Pan sgoriodd Alex Cheyne unig gôl y gêm i'r Alban yn erbyn Lloegr ym 1929 fe greodd fymryn bach o hanes. Cheyne oedd y chwaraewr cyntaf i sgorio gôl yn syth o gic gornel mewn gêm ryngwladol.

Ciciau o'r Smotyn

Manchester United oedd y clwb cyntaf i ennill gêm ar giciau o'r smotyn wrth drechu Hull 4-3 yng Nghwpan Watney ym 1970.

Cymerodd tri chwaraewr gwahanol yr un gic gosb i Notts County yn erbyn Portsmouth ym 1973. Bu'n rhaid i County ailgymryd y gic wreiddiol gan i'r golwr symud, yna fe'u gorfodwyd i gymryd yr ail gic eto gan nad oedd y dyfarnwr wedi chwibanu.

Llwyddodd Matthew LeTissier i sgorio 48 allan o 49 cic o'r smotyn yn ystod ei yrfa i Southampton. Y Cymro Mark Crossley oedd yr unig golwr i arbed cic o'r smotyn gan LeTissier tra oedd yn chwarae i Nottingham Forest ym 1993.

Meysydd Pêl-droed

Roedd torf o 199,850 yn Stadiwm Maracana, Rio de Janeiro, ar gyfer gêm olaf Cwpan y Byd ym 1950 rhwng Brasil ac Uruguay – mae hwn yn record byd sy'n sefyll hyd heddiw.

Mae'r rhan fwyaf o faes Clwb Pêl-droed Dinas Caer, Stadiwm Deva, wedi ei leoli yng Nghymru, ond mae'r clwb yn gallu cofrestru fel clwb Seisnig gan fod swyddfa'r clwb dros y ffin yn Lloegr.

Pencampwriaeth Gwledydd Ewrop

Blwyddyn	Lleoliad	
1960	Ffrainc	Undeb Sofietaidd 4–2 Iwgoslafia
1964	Sbaen	Sbaen 2–1 Undeb Sofietaidd
1968	Yr Eidal	Yr Eidal 1–1 Iwgoslafia
1972	Yr Eidal	Yr Eidal 2–0 Iwgoslafia [1]
1976	Iwgoslafia	Tsiecoslofacia 2–2 Gorll. Almaen (5–3 cos)
1980	Yr Eidal	Gorll. Almaen 2–1 Gwlad Belg
1984	Ffrainc	Ffrainc 2–0 Sbaen
1988	Gorll. Almaen	Yr Iseldiroedd 2–0 Undeb Sofietaidd
1992	Sweden	Denmarc 2–0 Yr Almaen
1996	Lloegr	Yr Almaen 2–1 Y Weriniaeth Siec [2]
2000	Gwlad Belg/Iseldiroedd	Ffrainc 2–1 Yr Eidal [2]

[1] Gêm ail-chwarae [2] Gôl euraidd

cos = cic o'r smotyn

Cwpan y Byd

Blwyddyn	Lleoliad	Mascot	Timau
1930	Uruguay		Uruguay 4–2 Yr Ariannin
1934	Yr Eidal		Yr Eidal 2–1 Tsiecoslofacia
1938	Ffrainc		Yr Eidal 4–2 Hwngari
1950	Brasil		Uruguay 2–1 Brasil
1954	Swistir		Gorll. Almaen 3–2 Hwngari
1958	Sweden		Brasil 5–2 Sweden
1962	Chile		Brasil 3–1 Tsiecoslofacia
1966	Lloegr	World Cup Willie	Lloegr 4–2 Gorll. Almaen
1970	Mecsico	Juanito	Brasil 4–1 Yr Eidal
1974	G. Almaen	Tip & Tap	G. Almaen 2–1 Yr Iseldiroedd
1978	Ariannin	Gauchito	Ariannin 3–1 Yr Iseldiroedd
1982	Sbaen	Naranjito	Yr Eidal 3–1 Gorll. Almaen
1986	Mecsico	Pique	Ariannin 3–2 Gorll. Almaen
1990	Yr Eidal	Ciao	Gorll. Almaen 1–0 Ariannin
1994	America	Striker	Brasil 0–0 Yr Eidal (3–2 cos)
1998	Ffrainc	Footix	Ffrainc 3–0 Brasil
2002	Corea/Siapan	Kaz, Ato a Nik	Brasil 2–0 Yr Almaen

cos = cic o'r smotyn

45

Gary Pritchard

Ganed Gary Pritchard ym Mangor. Nid yw'n fodlon dweud yn union pryd y digwyddodd hynny, ond mae'n hapus i gadarnhau bod hynny wedi digwydd, a bod ei fam yn bresennol ar gyfer yr achlysur!

Aeth i'r ysgol yng Nghaergybi (Ysgol Gymraeg Morswyn) ac yna i Ysgol Uwchradd Bodedern.

Mae'n honni iddo fod yn chwaraewr pêl-droed brwd yn ystod ei ddyddiau ysgol, ond mae bellach yn hapusach yn treulio'i amser yn dilyn hynt a helynt y gêm yn hytrach na'i chwarae. Mae'n ei ystyried ei hun yn un o gefnogwyr ffyddlonaf Cymru a Wrecsam.

Wedi gadael y coleg, bu Gary'n dilyn gyrfa fel optegydd cyn dechrau cyfrannu i'r rhaglen bêl-droed boblogaidd Ar y Marc ym 1997. Mae Gary hefyd yn gohebu i raglenni eraill ar Radio Cymru a Radio Wales ac yn ohebydd chwaraeon i BBC Cymru'r Byd.

Gallwch glywed Gary ar Ar y Marc ar BBC Radio Cymru ar fore Sadwrn rhwng 8.30 a 9.00 o'r gloch.